WRITING ASSISTANT WORKBOOK

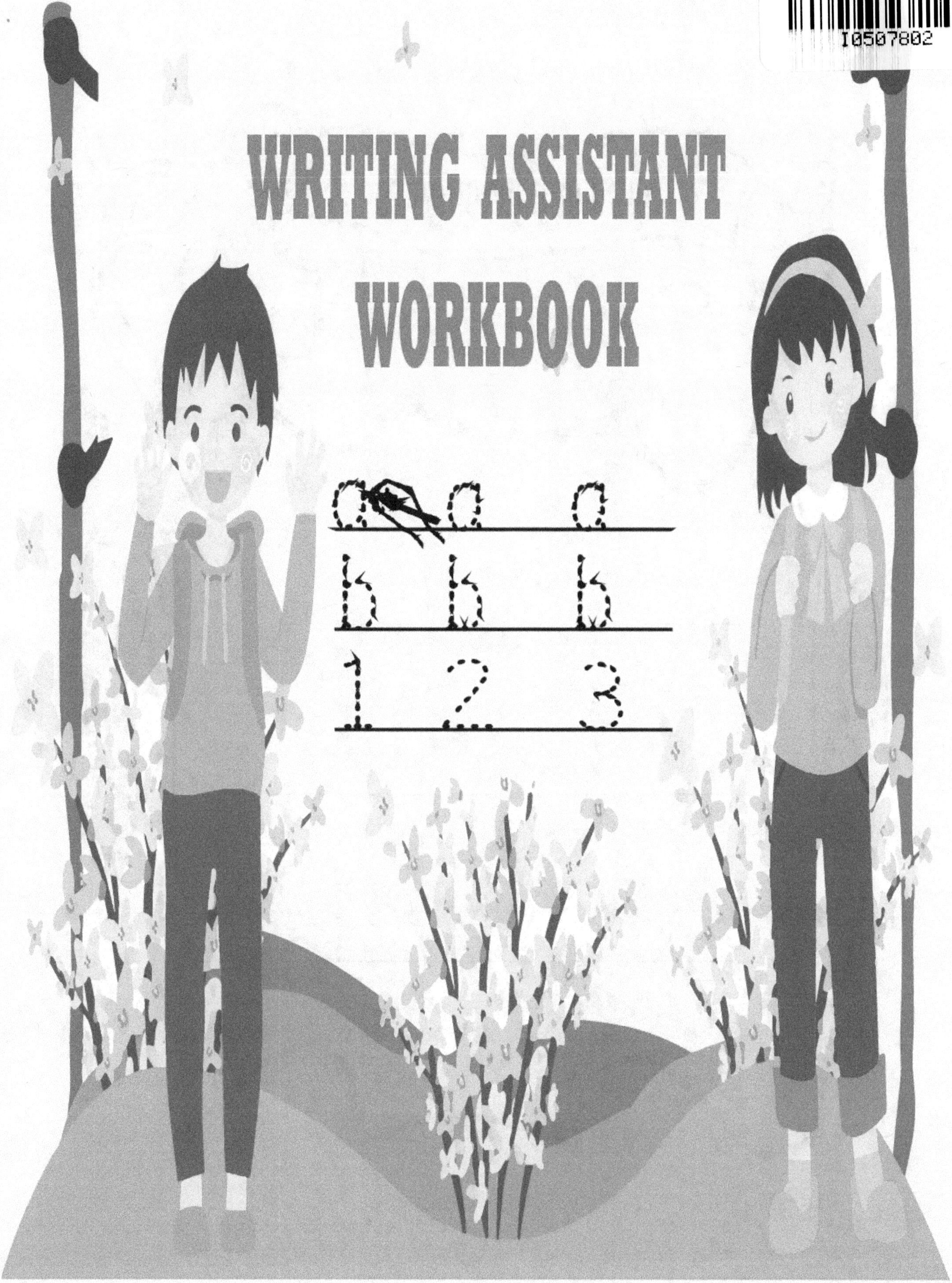

Introduction

One of the most important skills your child will learn in life is being able to read and most importantly, reading for pleasure, Reading plays a major role in communication, Linking into listening; Speaking and writing, and it also stimulates creativity,

PARTE 1

ALPHABET

ALPHABET

A	B	C	D	E	F
G	H	I	J	K	
L	M	N	O	P	
Q	R	S	T	U	
V	W	X	Y	Z	

welcome

letter **A** **a**

trace ;

A A A A A

a a a a a

a _ _ _ _

Allirator

apple

welcome

letter **B** 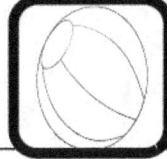 **b**

trace ;

B B B B B

b b b b b

b _____

book

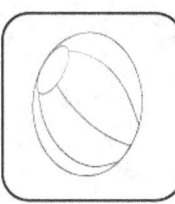
ball

welcome

letter **C**  **c**

trace ;

C C C C C

c c c c c

C _ _ _ _ _ _ _ _ _

Carotte

Car

welcome

letter **D** 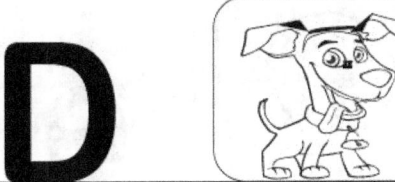 **d**

trace ;

D D D D D

d d d d d

d _ _ _ _ _

doll   Dog

letter **E** 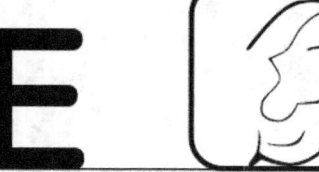 **e**

trace ;

E   E   E   E   E

e   e   e   e   e

e _____

Elephant

ear

welcome

letter F f

trace ;

F F F F F

f f f f f

f _ _ _ _

Fish   flower

match and write

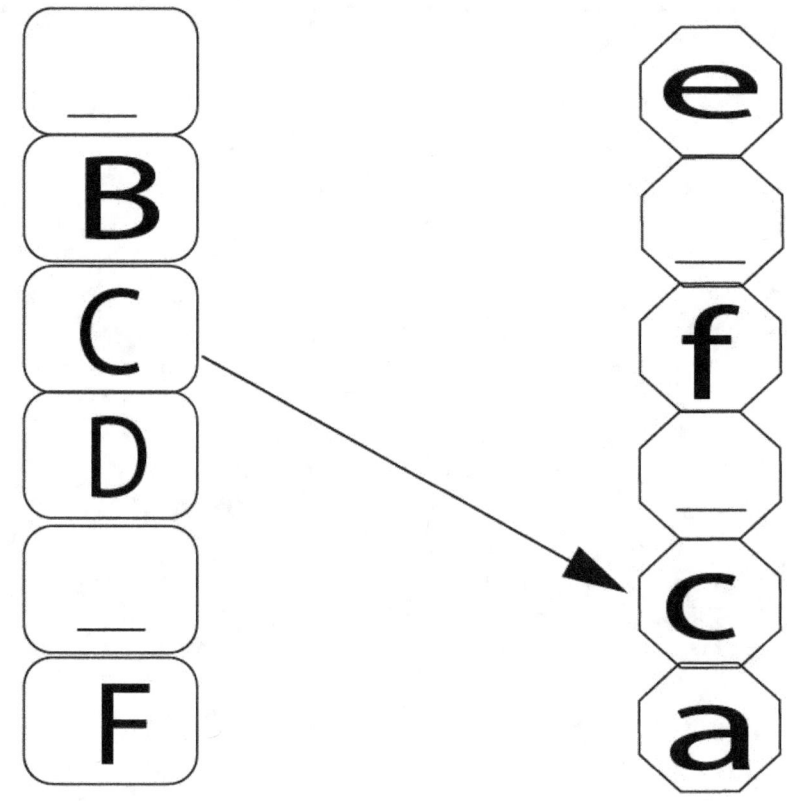

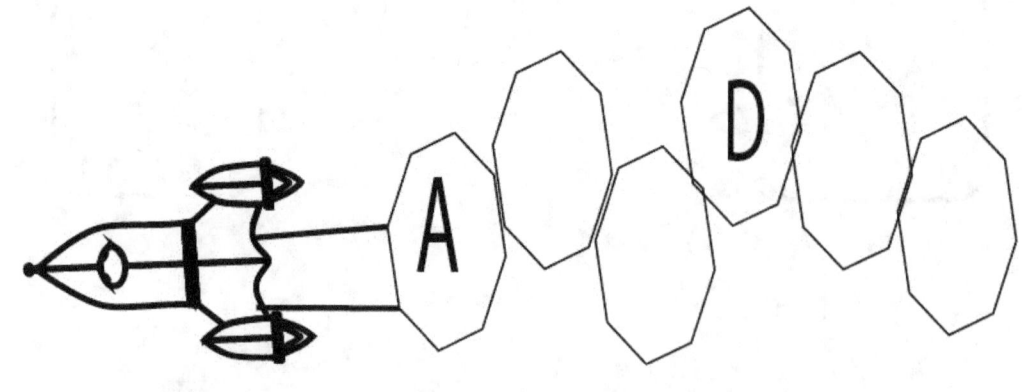

welcome

letter **G** g

trace ;

G G G G G

g g g g g

g _ _ _ _

guitar

grape

letter H  h

welcome

trace ;

H H   H   H   H

h h   h   h   h

h _____

Hat

house

letter **I**   welcome   *i*

trace ;

I   I   I   I   I

i   i   i   i   i

i

Iron    Ice cream

15

letter J

trace ;

J J J J J J J

j j j j j

j ― ― ― ― ―

Jaguar   Jacket

letter K 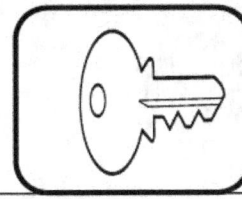 welcome k

trace ;

K K K K K

k k k k k

k _ _ _ _ _

kangaroo

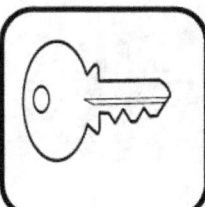
key

circle the words that begin with the letter "g"

jalousie   garden   miami
                       jeans
game
          good   pilot
   dog   mobile   glass

Complete

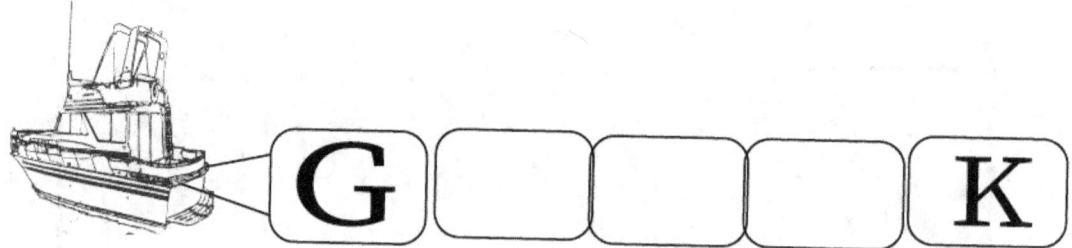

| G | | | | K |

letter L l

trace:

L L L L L

l l l l l

l

Lock   Lion

letter M  welcome m

trace ;

M M M M M M

m m m m m

m _____

mask

mouse

welcome

letter N   n

trace:

N N N N N

n n n n n

n _ _ _ _ _

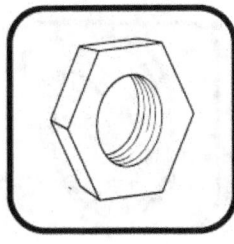
Nut

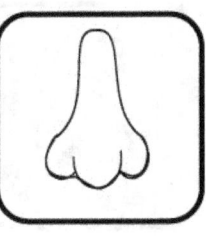
Nose

letter O 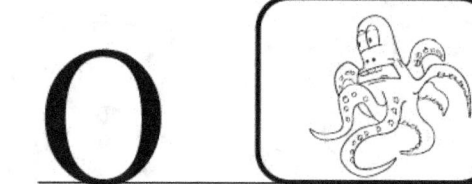 O

trace :

O

O

O _____

octopus onion

letter P p

trace ;

P P P P P

p p p p p

p

pear

pizza

Complete

Trace and complete

Lion _____ Lion _____ Lion _____

....ose

.....ouse

....ear

welcome

letter Q  q

trace ;

Q Q Q Q Q

q q q q q

q — — — — —

queen   quail

letter R  welcome r

trace ;

R R R R R

r r r r r

r

Rabbit

Rainbow

letter S

trace ;

S

sock

sun

welcome

letter T **T** t **t**

trace;

T T T T T

t t t t t

t

tent

tree

welcome

letter U u

trace;

U U U U U

u u u u u

u _ _ _ _

umbrella

unicycle

Complete

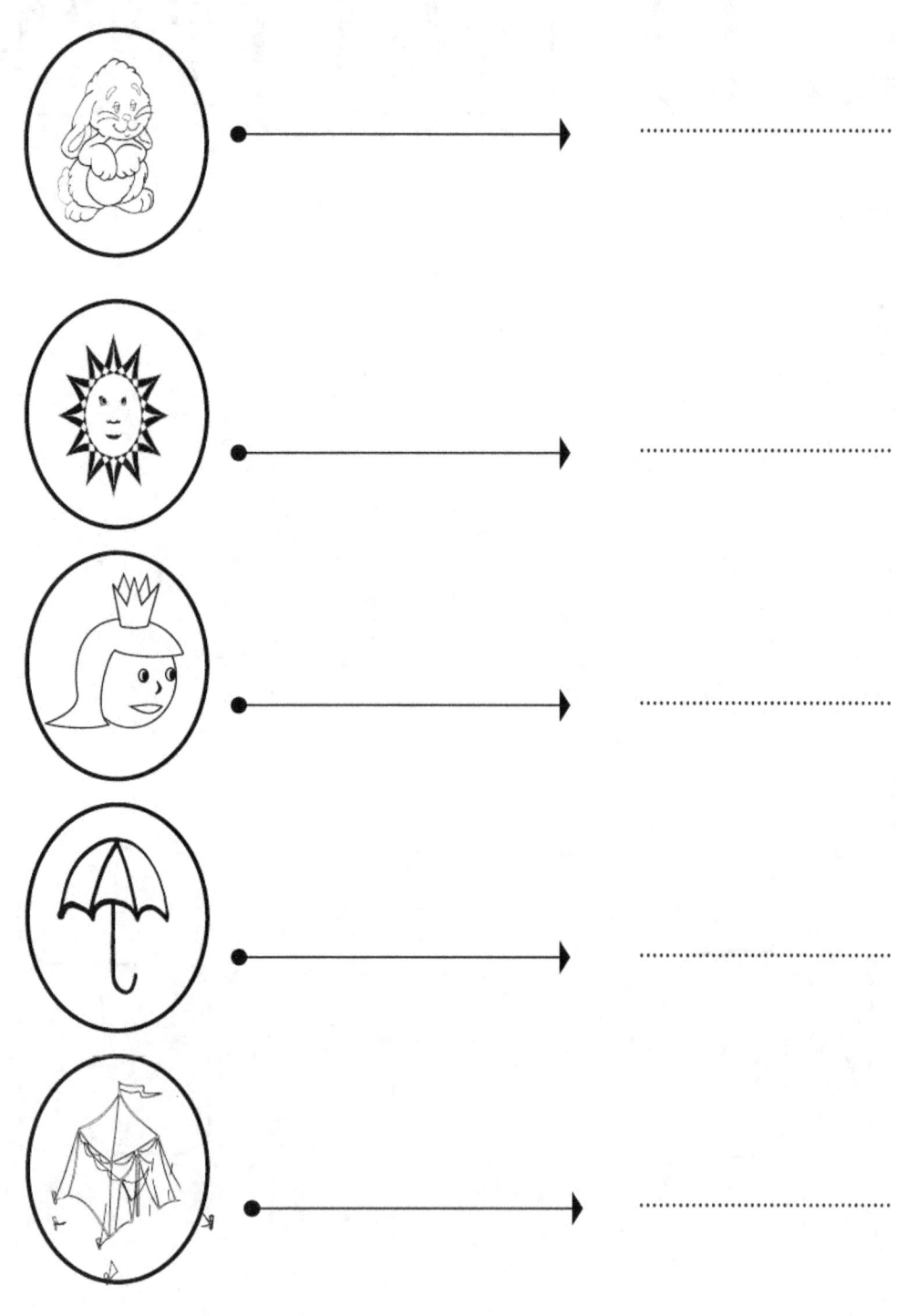

welcome

letter V  v

trace ;

V v v v v

v v v v v

v

vase   violin

welcome

letter W  *w*

trace ;

W W W W W

w w w w w

w _ _ _ _

wagon

window

32

welcome

letter X 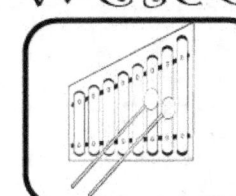 x

trace ;

X x x x x x

x x x x x

x  — — — —

xray

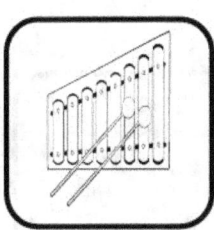
xylophone

welcome

letter Y  y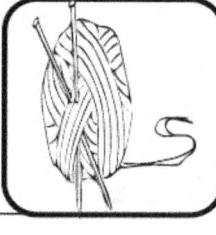

trace ;

Y Y Y Y Y

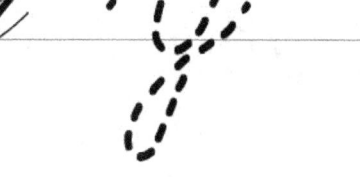

y 𝒴 𝒴 𝒴 𝒴

y _ _ _ _

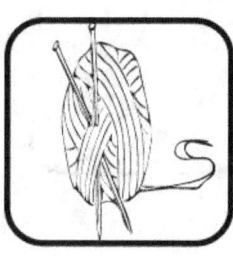
yarn

yacht

34

welcome

letter Z 🦓 ℨ O

trace ;

Z Z Z Z Z

ℨ ℨ ℨ ℨ ℨ

ℨ ───────

O 🦓

Zero   zebra

COMPLETE AND READ

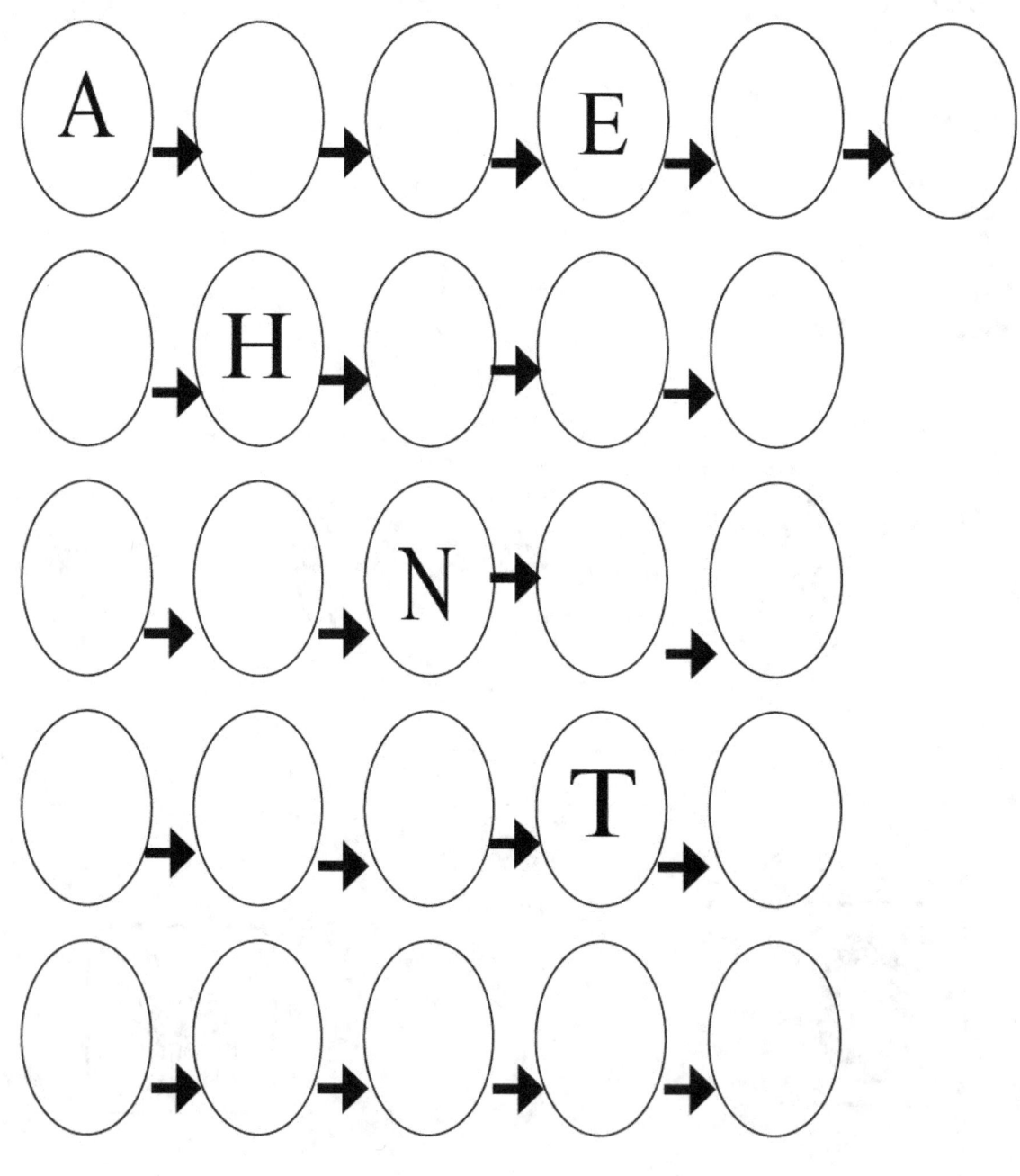

PARTE 2
Numbers

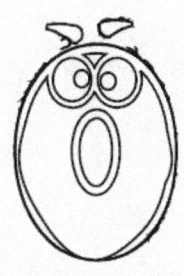   

ZERO

0 0 0 0

0

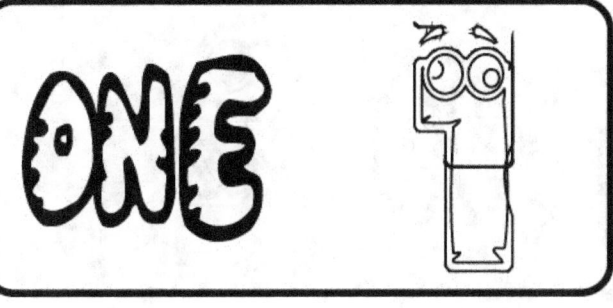

1 1 1 1

1 1 1 1

1 = 🌳

2 _2_ _2_ _2_ _

2 _ _ _ _

[2] = 🌳 🌳

3 3 3 3

3

| 3 | = | 🦓 🦓 🦓 |

4 4 4 4

4

4 = 🦓🦓🦓🦓

FIVE 5

5 5 5 5

5

$$\boxed{5} = \text{🌂🌂🌂🌂🌂}$$

COMPLETE AND MARCH

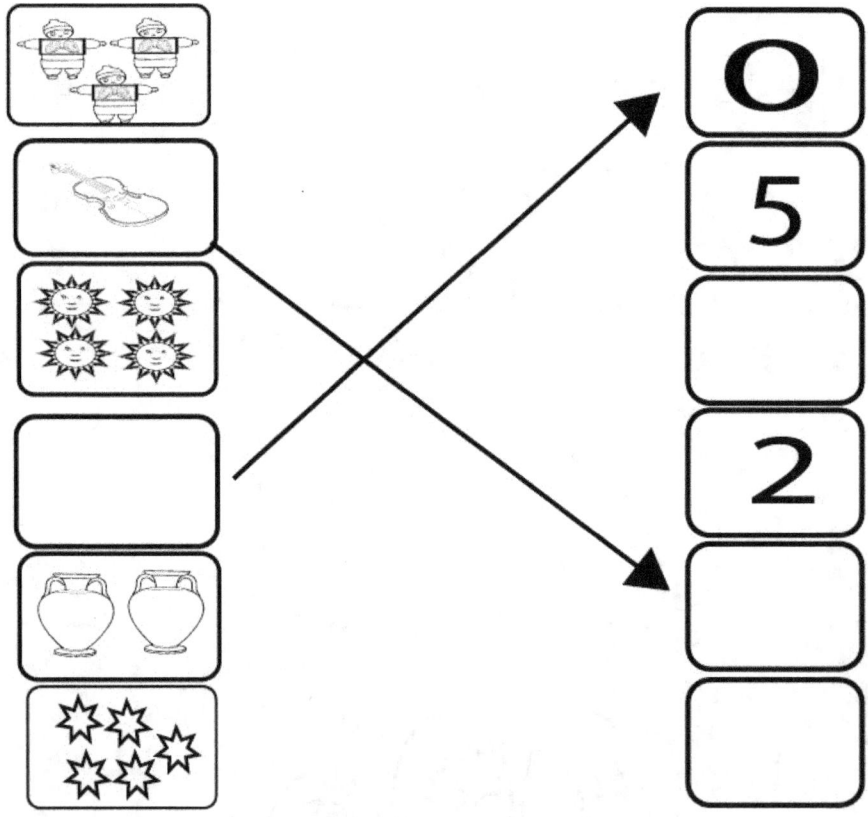

6   6   6   6

6 _ _ _

6 =

7 7 7 7

7

7 =

8 8 8 8

8

8 = (eight vases)

9

10 10 10 10 10

10 _ _ _ _

| 10 | =

REVIEW AND EXERCISE

Write

school   school   school   school

school _____ _____ _____

flower   flower   flower   flower

flower _____ _____ _____

honey   honey   honey   honey

honey _____ _____ _____

rewrite the sentences

My sister loves cats

☞ ....

This is my book

☞ ....

What time is it ?

☞ ....

COUNT AND WRITE THE CORRECT NUMBER

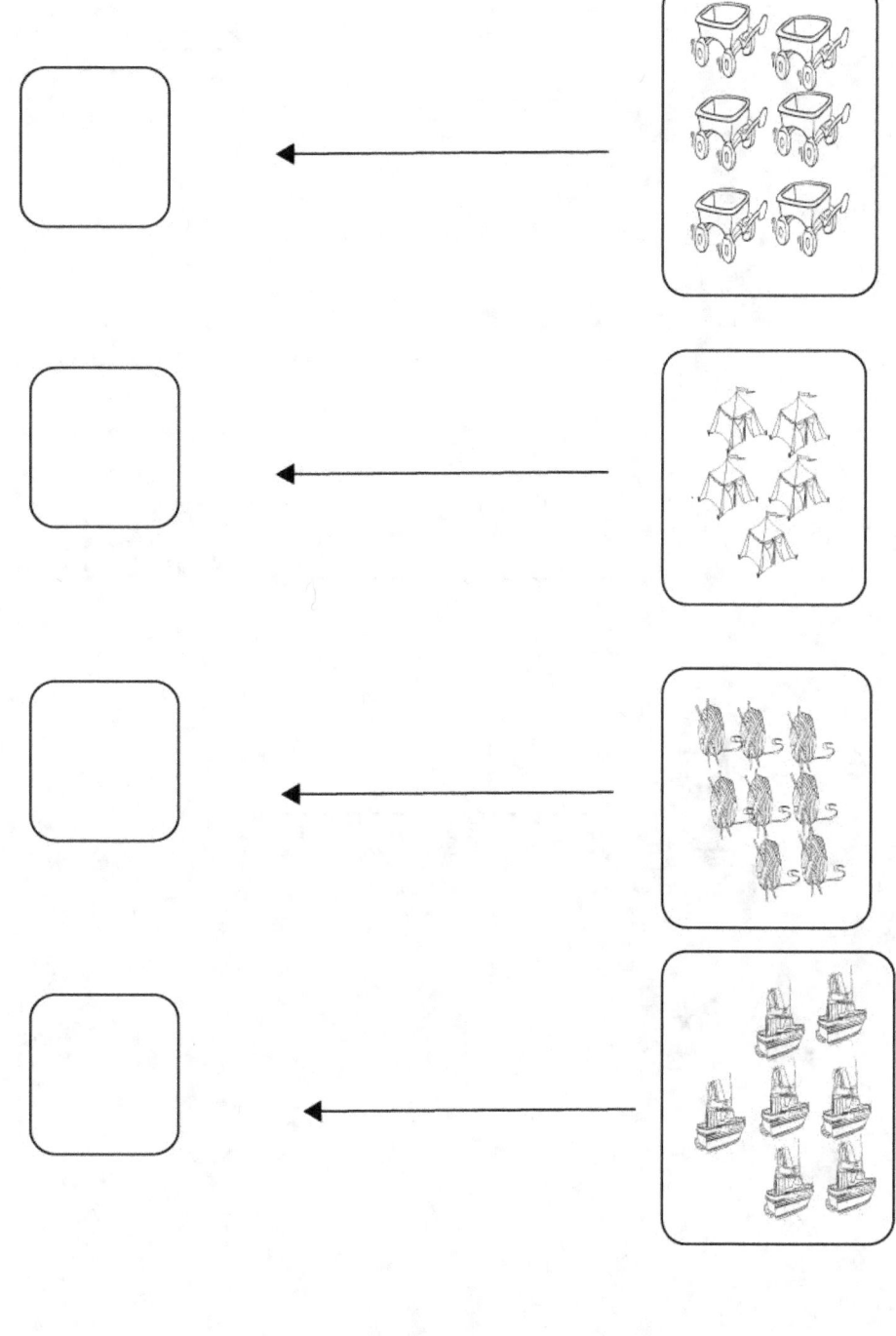

read and complete

.... ⟶ Five

3 ⟶ ....

.... ⟶ Zero

9 ⟶ ....

7 ⟶ ....

Complet and read

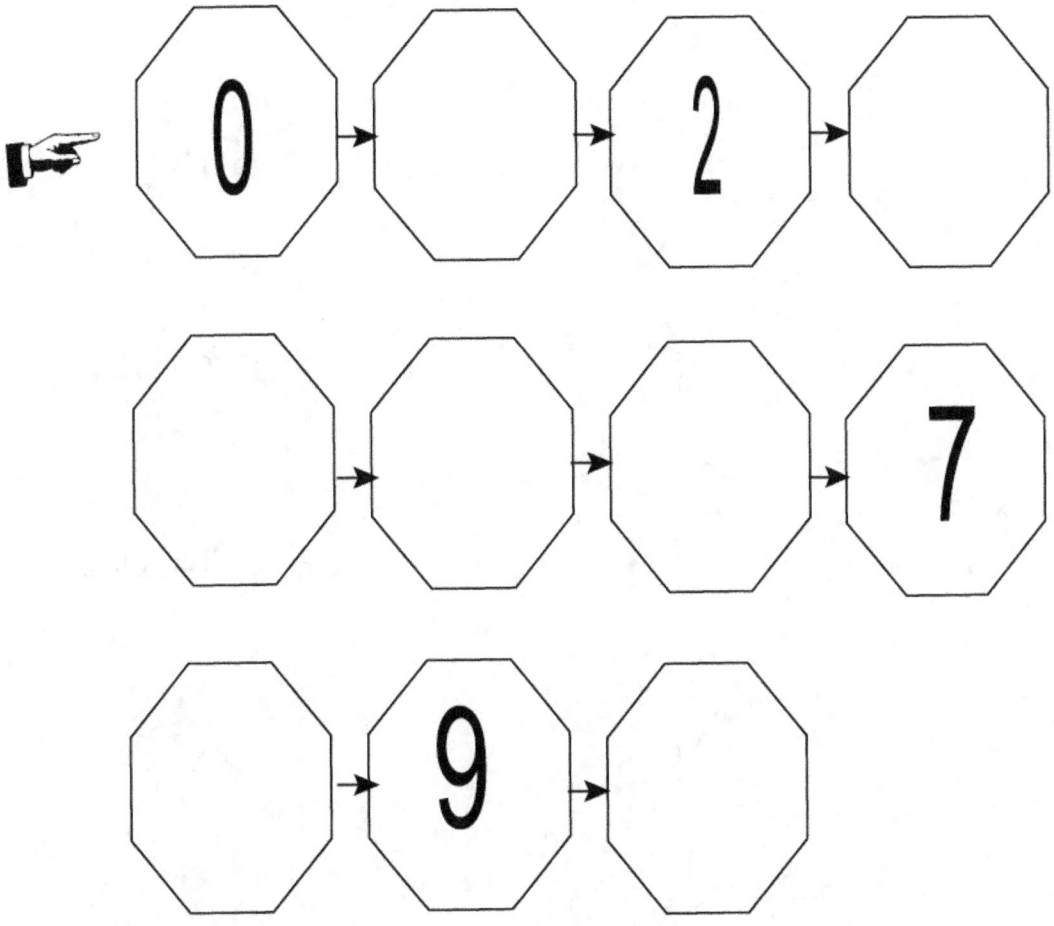

complet and match

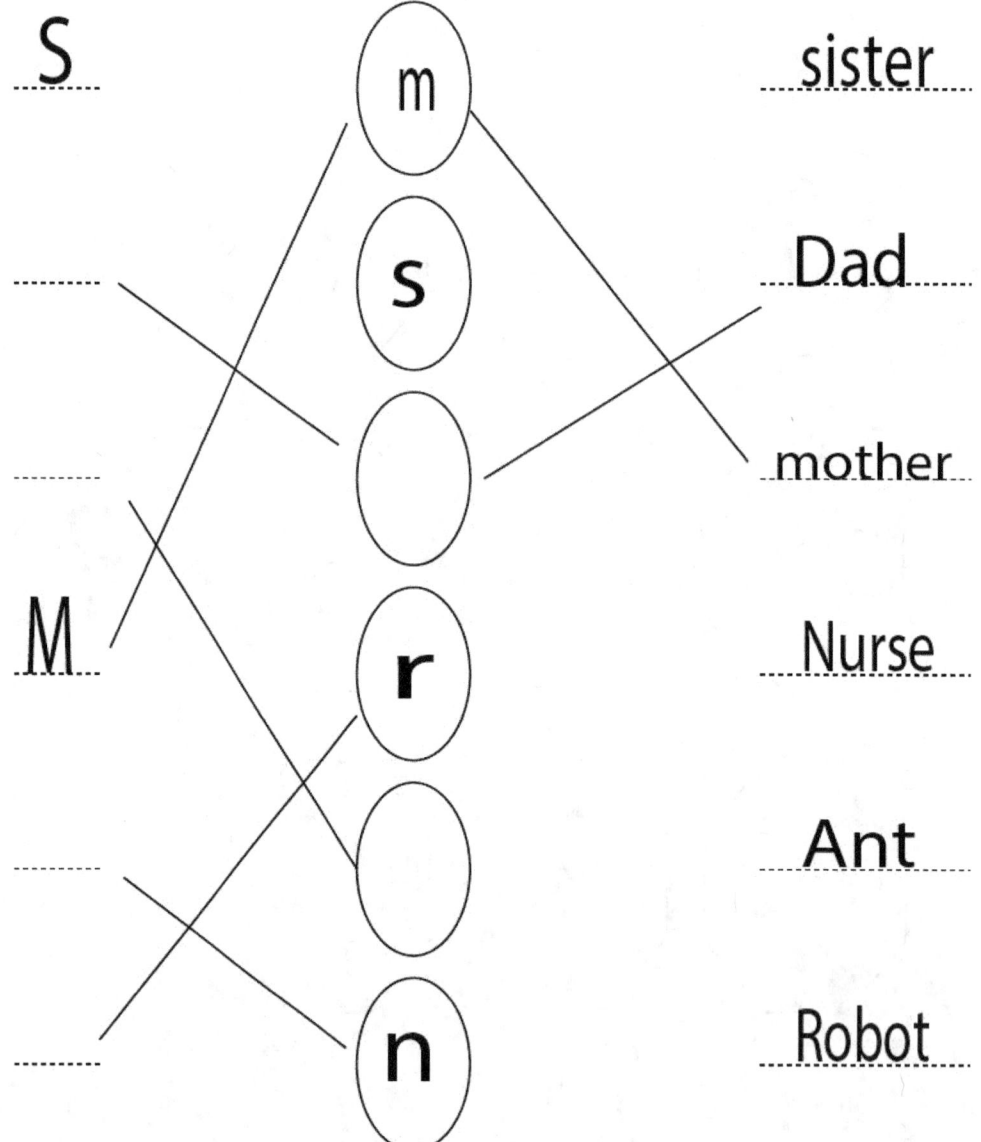

Arrange the following words to form meaningful sentences

| lights | see | funny | I |

....

| school | on | we | bus | go | the | to |

....

| book | my | I | bed | read | in | a |

....

| is | dog | that | color | What |

....

THE END

www.ingramcontent.com/pod-product-compliance
Lightning Source LLC
Chambersburg PA
CBHW080951220526
45465CB00008BA/3246